ख़ुदी और तुम

ख़ुदी और तुम

चंद्रभान यादव

भारत में मुद्रित

IndiePress

ISBN: 978-93-7197-576-6

प्रथम संस्करण, २०२६

इंडीप्रेस

नसादिया टेक्नोलॉजीज़ प्राइवेट लिमिटेड का एक प्रभाग

कोरमंगला, बैंगलोर

कर्नाटका - ५६००२९

http://indiepress.in/

प्रारूपण: एम ए पी सिस्टम, बेंगलुरु

पब्लिशिंग मैनेजर: प्रियांशु सारंगी

कवर डिज़ाइन: पी एच कीर्तिप्रिया

जो थे,
जो हैं,
जो शायद नहीं रहेंगे –
उनके लिए।

हम न मिलते हैं पाने के लिए,
बल्कि देखने के लिए उस अनंत को,
जो किसी और की आत्मा में झिलमिलाता है।

I

दिल हैरान है ये जानकर
कि बर्फ़बारी हुई है इस साल मेरे मकान पर,
ढका सा रहता है ये ईमान लेकिन
खुली तस्वीरें-सी टँगी हैं आसमान पर।

बहकती हवा का भी रुख़ तो देखो,
ये मुड़ गया है उस मुक़ाम पर,
जहाँ मिला तुमसे दिल मेरा—ये मानो
कोई पुराना रिश्ता सा तुमसे जानकर।

चल, तू कोई-न-कोई तो अरमान कर,
आ दिल में मेरे झाँक कर,
या आँखों से ये ज़बान कर—
तू कह दे कि ले चल चाँद पर!
तू कह दे कि ले चल चाँद पर!

II

इल्तिजा मेरी कि दिल को यूँ बेज़ार न करो,
कुछ तो बेताबी तुम्हें भी है,
तुम इनकार न करो।

तुम भी तो रातों को बैठ कर मदहोशी में तारे गिनती हो,
मेरे साथ रहकर देखो, नशे से प्यार न करो।

कुछ फूलों के-से रंग ज़िंदगी में भर देंगे,
शगूफ़ा होगी वो ज़मीन जहाँ हम रहेंगे।

बहुत ख़ूबसूरत हैं ये आँखें तुम्हारी,
बेवजह इन्हें आबशार न करो।

मेरे साथ रहकर देखो, नशे से प्यार न करो।

बंधी-सी इन बाहों को आज तुम खोल दो,
दिल से ज़ुबाँ तक जो आए वो बोल दो।

इस हसीन ज़िंदगी को सरशार न करो,
मेरे साथ रहकर देखो, नशे से प्यार न करो।

आओ, आज सूरज को डूबते हुए देखते हैं,
पुरानी यादों को ज़िंदगी से निकाल फेंकते हैं।

अपने इस दिल-दार को दिल-फ़िगार न करो,
मेरे साथ रहकर देखो, नशे से प्यार न करो।

III

सुनो, ज़रा बैठ जाओ कि तुम थोड़ा थक गई होगी,
पूरा दिन मेरे ख़यालों में
चलती जो रहती हो।

कभी-कभी ज्वालामुखी की तरह गरम हो जाती हो,
लेकिन पीछे
प्यार में पिघलती भी रहती हो।

तुम्हें तो कोई ख़िताब से नवाज़ा जाना चाहिए, ना जाने कैसे
मेरी इतनी बकवास सहती हो।

ख़ैर ज़रा क़रीब आओ,
तुम्हें आज कुछ बताना है-
"पास रहा करो, क्यों इतना दूर रहती हो?"

ये तमाम चाँद सितारे जितने भी हैं,
मुझे मालूम है ये तुम ही से सीखते हैं ना,
तुम ही इनको क्लास देती हो

और फिर ये जाकर दुनिया को दिखाते हैं
कि देखो, हम कितने ख़ूबसूरत हैं।
अरे इनसे सौ गुना अच्छी तो तुम चाय बना लेती हो।

IV

गुज़रता हुआ एक ख़याल मेरी ज़िंदगी में आया,
और ऐसा आया कि तूफ़ान बन गया।
ये इब्तिदा जो हुआ इश्क़ तुझसे,
मैं सब तुझपे क़ुर्बान कर गया।

जल गई हों चिताएँ जैसे ग़मों की - फ़िक्रों की,
तू आया तो ख़ुशियों का गुलदान भर गया।
जैसे उतरता है, आफ़ताब देखो आसमान से,
ना जाने कब तू मेरे दिल में उतर गया।

मैं लिखने बैठा तेरे हुस्न की तारीफ़ें,
क़लम उठी तो ये कमबख़्त काग़ज़ ही जल गया।
ख़ुमार तेरी आँखों का यूँ चढ़ा
कि थोड़ा ज़िंदा भी रहा और थोड़ा मर गया।

तुझे मैं अपनी हर मन्नत का हिस्सा बनाऊँ,
कैसा जादू-सा तू मेरे दिल पे कर गया
कि मैं था थोड़ा खोया हुआ दुनिया की भीड़ में,
तू आया, तूने छुआ, रेगिस्तान था—समंदर कर गया।

V

ज़माना भर देखा मैंने,
कुछ कमी हमेशा रही।
जो-जो मैं ढूँढ रहा था,
चुन-चुन के वो सब मिला तुझमें ही।

वो अदा, जिसके दीवाने मोर भी रहे,
वो वफ़ा कि शायर कितने मर गए,
वो हया कि जैसे वो सुंदर कली,
वो सफ़ा मेरी यूँ हट-सी गई।

वो तेरे गेसू की जो ख़ुशबू हवा में थी,
वो हवा मैंने सँभाल के रखी है।
भूल जाता हूँ मैं सारे दुख-दर्द,
तूने काजल में कौन-सी दवा डाल रखी है?

तू कोई फ़रिश्ता है या पूरी जन्नत है?
या मैंने कोई दुआ माँग रखी है?
तुझसे सुबह हो और तुझमें ही रातें,
एक तू ही तो मेरे भाग्य में लिखी है।

VI

हर हद को पार कर एक ख़्वाब सजाया है,
अपनी नींद का मैंने खुले बाज़ार में एक दाम लगाया है।
हो माहौल चाहे ग़मगीन, चाहे ख़ुशी का,
मुझे तो बस तुम्हें सोचने का विचार आया है।

तुम्हारे हिस्से की हर तकलीफ़ को चुरा लूँ मैं,
हर मलाल से बचा लूँ मैं,
पूरी-पूरी-पूरी दुनिया से छुपा लूँ मैं,
बस तुमने ही तो मुझे अपना बनाया है।

एक ख़ामोश समंदर-सी गहरी ये आँखें तुम्हारी,
तुम्हारे इश्क़ ने मुझे इनमें डूबता हुआ पाया है।
यूँ तो तुम जानती हो कि मुझे तैरना नहीं आता,
बस डूब के हो जाऊँ पार तुम तक, इतना ही तो मैंने चाहा है।

तुम चाहो तो आज़मा लो मेरी मोहब्बत को,
रौंद दो मेरी हर चाहत को, कुचल दो मेरी हर ख़्वाहिश को।
मैंने तो तुम्हें सदा ही पागलों की तरह रिझाया है
और क्यों न रिझाऊँ मैं तुम्हें? माना कि थोड़ी देर से मिले हैं,
मगर उस डमरू वाले ने ख़ुद मुझे तुमसे मिलवाया है।

मालूम है मुझे तुम्हें बहुत हुज़्न रहा है ज़िंदगी से,
एक डर सा बैठ गया है तुम्हारे दिल में, किसी ने तो बहुत दिल दुखाया है।
मैं थाम के बैठ जाऊँ तुम्हारे हर ज़ख़्म को, पी लूँ तुम्हारे हर ज़हर को,
मैं बन जाऊँ तुम्हारे पैर अगर काँटे आएँ रास्ते में,
तुम बस मुस्कुराती रहो, तुमसे ही तो मेरा दिल मुस्कुराया है।

अबके पतझड़ में हम जब जाएँ तो एक अलग एहसास हो,
जैसे गिरते हुए पत्तों में कोई तो समाया है।
कुछ अतीत मेरा हो, कुछ अतीत तुम्हारा हो।
उड़ जाएँ वो ज़ख़्म धुँधली यादें बनकर,
जैसे गिरे हुए पत्तों को इस हवा ने उड़ाया है।

तुम थाम लेना मेरा हाथ, अगर कुछ मुश्किल लगे,
कुछ न भी कहो तो चलेगा, मेरा दिल तुम्हारा दिल सब सुन पाया है।
जब घिर चुका था मैं हर तरफ़ से गहरे तूफ़ानों में,
तुमने आवाज़ देकर मुझे डूबने से बचाया है।

VII

रात के अँधेरे में जब बस चाँदनी हो,
आओ, चलो तुम कभी मेरे साथ कि हम बस चलते रहें।
तुम इस क़दर मेरी बाएँ बाज़ू से लिपटी रहो,
जैसे लिपटा किनारे से समंदर रहे।

कहीं दूर जाकर हम बैठ जाएँ उस चाँद के तले,
और कुछ ऐसा हो कि ये समाँ थम जाए।
उस एक पल में, जब तुम अपने होंठों से मेरे होंठों को चूमो,
तो दिल की धड़कन रुक जाए और फिर एकदम से बढ़ने लगे।

तुम छुओ मुझे ऐसे कि मेरी रूह में सरसराहट हो,
मेरी आँखों से वो झाँककर कहे कि "कहीं मर तो नहीं गए?"
ये कैसी हालत तुमने की है मेरी, तुमसे दूर मैं रह नहीं सकता,
क़रीब हो जाओ तुम इतने कि क़रीब कोई हो न सके।

आ, चल के पिएँ, चुस्की लें उस चाय की इस रात में,
तुम फिर से लिपटो मुझसे, जब-जब तुम्हें ठंड-सी लगे।
मैंने नाम कर दी है अपनी सारी ख़ुशी तुम्हारे नाम ही,
जल्द ही तुम्हारे नाम के पीछे मेरा नाम लगे।

VIII

उस चाँद से जाकर पूछो कि मेरे दिल में क्या है!
जो-जो मैंने महसूस किया, वो सबका गवाह है।
किस तरह मेरी हर धड़कन को तुम्हारा आसरा है,
किस तरह मेरी साँसें बस तुम पे फ़ना हैं।

वो सुनता है अक्सर, जो मैं बात तुम्हारी करता हूँ,
तुम सुनती हो क्या, जो उसने मेरे बारे कहा है?
यूँ तो तुम पूछ लेती हो मेरे दिल का हाल कभी-कभी
अब तुम्हें क्या बताएँ कि जो दर्द है, वही दवा है।

ये दूरी कितनी भी हो, मेरा इश्क़ इससे बड़ा है,
तुमसे जो हुआ है, वो कभी तो न हुआ है।
कैसा एहसास है ये कि हर एहसास बेपनाह है,
हर अदा का तुमसे ही तो अब वास्ता जुड़ा है।

उफ़, वो तुम्हारा नख़रा ख़ूबसूरत बड़ा है,
जान लेना तुम्हारी फ़ितरत में है या कोई क़ायदा पढ़ा है?
आज भी अगर पूछोगी कि किसके दिल में बसी हो तुम,
वो चाँद लेगा नाम बस मेरा और कहेगा कि एक सरफ़िरा है।

IX

फ़िरोज़ी-सी फ़िज़ाओं में देखो मस्ती है,
वो रंग बिखेरकर फिर यूँ हँसती है,
कि मानो ज़िंदगी की ख़ुशियाँ उसी के पल्लू में बंधी हों,
वो आज इतनी ख़ुश जो कल तक रही तरसती है।

वो रंग भरे उन ज़ख़्मों में,
जो आते-जाते दिल को मिले।
कुछ ज़र्द, कुछ ज़ाफ़रान, कुछ कथई,
जैसे वो निगाहों से रंग बरसती है।

लोगों में न बाँटो इन रंगों को,
ये हरा भी मेरा, ये केसरिया भी,
ये गुलाबी हवा और चाँदनी सुरमई सी,
उसकी मुस्कान भी तो इसी में बसती है।

आज ख़ुशी का मौक़ा है, ज़रा नज़र मिलाओ,
कुछ मैं बोलता हूँ, कुछ तुम बतलाओ,
या फिर बिना कुछ कहे, इन आँखों से कुछ क़िस्से सुनाओ,
इन साँसों में एक दस्त-ए-शिफ़ा हस्ती है।

देखो, कुछ शिकवा अगर मुझसे तो आज खुलके बताओ,
जो भी बेरंग बातें हैं, उन्हें ज़बान तक लाओ,
अपने किसी सपने का ए'तिराफ़ कराओ,
मुझे मालूम है, कितना दिल-शिकस्ति है।

अनजाने में ही सही तुमसे मुलाक़ात हो गई,
तुम न जाने कब दिल-ए-एहतियाज हो गई।
फ़ुर्सत से तुम्हें देखूँ, ये जी मेरा चाहे,
तुम में ये जीने की एक चाह-सी चस्ती है।

X

हर दिन कितने तेरे ख़्वाब बुनूँ?
तू मेरा हुआ, ये मुझे बता।
तू ऐसी दुआ, जिसे माँगे ख़ुदा.
होना चाहूँ तुझमें शामिल-सा।

है तू वो घड़ी, जो थम जाए,
तो थम जाए ये सारा जहाँ।
तेरी नज़र झुके तो शामें हों,
तू मेरी ज़िंदगी करने रोशन आ।

मुसाफ़िर एक मैं, तू सफ़र मेरा,
मैं चलता रहूँ, जो तू साथ रहा।
मेरी साँसें रुकें, अगर तू न वहाँ,
दिल बेचैनी से काँप उठा।

मैं अरसों जाऊँ बैठ यहाँ,
बस देखना चाहूँ तुझको ही।
कोई और दिखे न वैसे भी,
कुछ जादू तूने ऐसा करा।

हर दिन कितने तेरे ख़्वाब बुनूँ?
वो शख़्स नहीं तेरे क़ाबिल था।
ये इश्क़ मेरा मुतजाविज़-सा,
तू शायरी और मैं ग़ालिब सा।

बस लिखता रहूँ मैं नज़्म तेरी,
तू पढ़ती रहे और चाहें क्या!

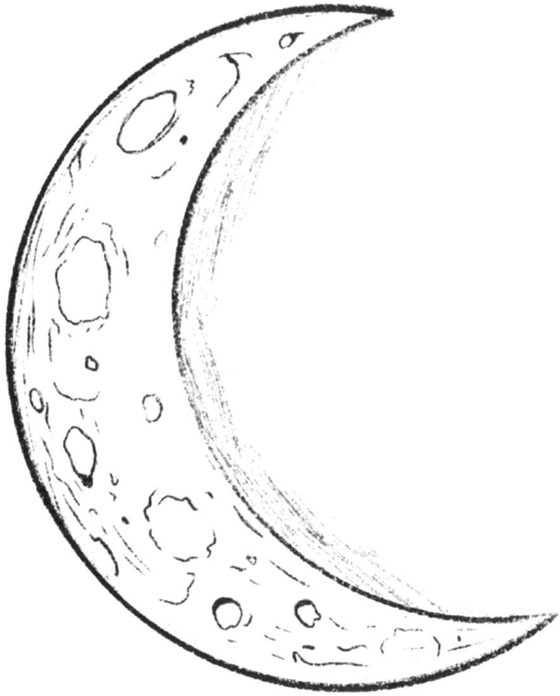

XI

आज वो सूरजमुखी कितने खिल-खिला रहे हैं,
आज वो पंछी न जाने कौन-सा गीत गा रहे हैं।

आज इन हवाओं में ये कैसा इश्क़ उड़ रहा है,
आज ज़मीन से आसमान फिर जुड़ रहा है।

आज वो हरी घास भी मचल रही है,
आज ये धधकती हुई आग पानी में जल रही है।

आज वो सूरज भी मदहोशी में पिघल रहा है,
आज भँवरों में भी अलग ही जोश जग रहा है।

आज किताबों से कहानियों की आवाज़ें आने लगी हैं,
आज ये शामें भी कुछ गुनगुनाने लगी हैं।

आज हुआ है क्या ऐसा, कुछ खबर है क्या? अब समझा...
आज रानी साहिबा यहाँ से गुजर रही हैं।

XII

तुमसे कुछ इस तरह जुड़ गया हूँ कि अब बिछड़ने का सवाल नहीं,
तुम्हें इतना समालूँ ख़ुदमें कि मेरे रग-रग में तुम्हारी साँस हो।
मुझे क्या लेना इस दुनिया से, ये तो हार चुकी है अपने आप से भी,
मैं जो हूँ, जैसा हूँ, जितना हूँ—तुम बस मुझे थाम लो।

मैं जल कर तुम्हें रोशन करूँ, है मुझमें वो आग भी,
तुम हवा बनके मुझे ज़िंदगी दो, तुम बस मेरा नाम लो।
क्यों दबी हो यूँ पत्थर लिए, ये तो कुछ सही नहीं,
तुम बन जाओ कोई पतंग, तुम छू लो आसमान को।

ना कोई आस-पास हो, तुम बन चुकी मेरी ज़िंदगी,
मैं बनके फिर हवा तुम्हें कुछ इस तरह से साथ दूँ
कि अबके यूँ उड़ें कि हम बहुत दूर जाएँगे,
चलो तुम मेरे साथ, कि हम एक घर नया बनाएँगे।

XIII

बरसों बाद लगा कि दिल है सीने में,
बरसों बाद कुछ धड़कने की आवाज़-सी आई।
जो था हिस्सा लापता यूँ जीने में,
बदली जो हवा तो कुछ साँस-सी आई।

कट रही थी यूँ तो ये ज़िंदगी हमारी,
जीने लगे हैं - जब से तुम पास सी आई।
पहले तो जागना दुश्वार-सा लगता था, मगर अब नहीं,
तुम लेके वो सितारे और चाँद-सी आई।

अब तो हर तरफ़ दिखे बस तुम्हारा ही चेहरा,
ये तुम किस अंदाज़ से आई।
हम तो लायक़ नहीं हिसाब के भी,
हमारी हद से पार तुम प्यार-सी आई।

तुम जहाँ भी गई, वो ज़मीन हुई ख़ुश,
जैसे किसान को अच्छी फ़सल अनाज की आई।
तुमसे बरकत हमारे ज़हन में उतरी,
तुम्हारी आँखों से वो नाज़-सी आई।

हम तो उसी दिन जीत गए दुनिया,
जब हारा दिल तुम्हें और तुम बनकर हमारा ताज-सी आई।

XIV

दिल में उत्सुकता भी है, बेचैनी भी है,
हम मिलने चले जो अपनी जान से।
दिल धड़कता-धड़कता सा रुक न जाए,
जो सामने आए अपने जहान के।

हम तो सोचे थे कि वो होंगे बहुत ख़ूब,
वो तो बेहद पार निकले हमारे हर अरमान से।
इतनी ख़ूबी, ऊपर से इतनी ख़ूबसूरती,
सारी चुरा ली क्या जन्नत आसमान से?

तुम्हारे लबों पे हम कुछ लिखें अगर,
तो वो शेर बन जाए तूफ़ान से।
उजाड़ दे हर ग़म की बस्ती हमारे दिल से,
और सजा दे मोहब्बत के बाग़ान से।

तुमसे मिले तो ऐसे मिले,
अब सब जन दुनिया के लगते हैं अनजान-से,
तुम आओ, हमें ज़रा राब्ता है तुमसे,
तुम लूट लो ख़ज़ाने हमारे ईमान से।

जी करता है कि इसी पल भर दूँ तुम्हारी माँग,
तुम्हें मिलवा दूँ अपने पूरे ख़ानदान से।
तअज्जुब है कि तुम आए ज़िंदगी में यूँ बनके हमारी मेहरारू,
जैसे अफ़ीम आता है अफ़ग़ान से।

बेशुमार ढंग से करते हैं इश्क़ तुमसे,
हमें आते नहीं और तरीक़े इज़हार के।
कहो तो आबाद हो जाएँ, कहो तो बन जाएँ बंजारे,
बस तुम में रहना चाहते हैं, फिर घर में हों या कारवाँ में।

हरी घास-सी ताज़गी लाई हो मेरी ज़हन में,
तुम उतर के देखो इस मैदान में।
यहाँ जंग छिड़े मेरी आँखों में,
कि देखें तुम्हारी आँखें, या गेसू, या देखें हम मुस्कान ये।

अच्छा सुनो, ये तुम मेरा नाम रख लो अपने दिल के बदले,
वो मुझे दे दो, हम हो जाएँगे क़र्ज़दार-से,
थोड़े हो जाएँगे भाग्यवान से।
और सच कहूँ मेरी जान, जो तुम हो साथ मेरे,
तो जीत चुका हूँ मैं तो जहान से।

XV

थोड़े अनजान थे हम कभी, आज मेरे हर अन्न की जान तुम हो।
मैं तो रहता था गुम सा ही, आज मेरी मुस्कान की पहचान तुम हो।
तुम हो तो लगता है, जैसे भगवान का हर एहसान तुम हो।
मेरी औक़ात में जो बरकत हुई है, मेरा गुरूर - मेरी शान तुम हो।

फ़लक तक पूछते हैं सितारे तुम्हारा पता, मुझे पता है—मेरे चाँद तुम हो।
रहना मैं चाहूँ बस तुम्हारी आँखों में, मेरा पूरा घर-बार तुम हो।
मेरा संसार तुम हो, मेरे अच्छे-बुरे सब विचार तुम हो।
मैं पूरी दुनिया को कर दूँ राख, बात अगर आए तुम पे—मेरे अँधेरे का चिराग़ तुम हो।

हर सू ये कैसी बातें हैं, क्यों जलते हैं सब हमसे,
मेरी जान, बस मेरे दिल के हक़दार तुम हो।
आकर सँभालो तुम मेरा घर ज़रा, मेरे जीने का उद्धार तुम हो।
मेरा प्यार तुम हो।

XVI

ना सुनी किताबों में ऐसी कोई कहानी,
ना देखा हक़ीक़त में या ख़्वाब में।
हमें तो मिली हो तुम ऐसे जैसे,
खिल उठे रात महताब में।

बंद खिड़की किए बैठे थे हम तो ज़माने से,
कुछ दस्तक-सी दी जनाब ने।
जो खुले वो दरवाज़े उस खिड़की के,
तो जैसे ज़िंदगी भर गई रुबाब से।

हम हिसाब जो करें दिल का, तो कहे
कि तुम भाने लगे हो बेहिसाब से।
अब बहाने बनाए नहीं बनते,
लगता है हम अबके गए काम से।

खोया हुआ जो अक्स था हमारा,
वो लौट आया आज सामने।
अबके दिखो तुम हमें, तुम्हें क़ैद करें पलकों में,
जो तुम दिखीं हमें महकती हुई उस शाम में।

तुम भी खोई हुई लगती हो
हमारी बातों में, हमारे ख़याल में।
कोई काग़ज़-कलम क्या इस लायक़ है
कि लिख सके बारे हमारे चाँद के।

आओ थोड़ा पढ़ लें तुम्हें,
हम रट लें तुम्हारी साँसों को।
बस गई हो तुम ऐसे कि अब
कुछ और तो बचा नहीं याद में।

ज़िंदगी में मिठास-सी आ गई है,
जैसे लू में पकते आम से।
तुमसे सुकून मिलता है हमें,
जैसे सिरदर्द में तुमको बाम से।

हमारे लफ़्ज़ जो न कह सके,
हमारे लब वो बयान दें।
हम ज़िंदा तो हैं ना, ये पूछते हैं ख़ुद से—

क्या करें, तुम हो इतनी हसीन,
तुम्हारी ख़ूबसूरती से तो फ़िरदौस भी उधार ले।

XVII

तू मेरे हर पल का हक़दार है, फिर पास रहे तू या दूर सनम।
सब कर दिया मैंने नाम तेरे, तो क्या ये जनम और क्या वो जनम।

कुछ ऐसा इश्क़ हो आया है, भगवान तू ही और तू ही करम।
तू चाहे तो अब मेरी ले ले जान, या चाहे तो मुझे कर दे अमर।

तेरी ख़ुशबू ओढ़े बैठा हूँ, मेरी साँसों में बस तेरा दम।
तू छलकती हुई नदी-सी बहे, मैं पी जाऊँ बनके सागर।

मेरा दिल बस पी का नाम जपे, तू आके सुन मेरी धड़कन।
तुझे बहुत अकेला डर सा है, तो रख मेरे सीने पर सर।

मेरी नस-नस में तू जैसे नशा, मदहोशी में झूमूँ हरदम।
मैं बनके बुल्लैया नाचूँ-गाऊँ, तोड़ दूँ सारी रीत-रसम।

मुझे क्या परवाह इस दुनिया की, करूँ परवाह बस तेरी हमदम।
जिस रोज़ न सुने आवाज़ तेरी, फिरे पागल-पागल मेरा मन।

तुझे लगता है मुझे पता नहीं, मैं जानूँ जो तेरे भीतर।
तू रूठती है तो लगता है, जैसे निकला ही न हो सूरज।

तू हँस देती है लेकिन जब, मेरे मिट जाते हैं सारे क़र्ज़।
तू कभी तो पूछे हाल मेरा, बस यही उम्मीद और यही सबर।

XVIII

वो गिरती बूंदों की सुनके सदा,
वो बरखा के बादल बोल उठे।
वो किस मकसद से आए थे?
वो किस दरिया से बोल उठे?

वो कौन सा रंग जमाए थे?
क्या खेलने होली आए थे?
वो साथ बहारें लाए थे,
वो सातो रंग यूँ बोल उठे।

वो बाद-ए-सबा यूँ चलने लगी,
वो खुशबू उनकी लाई थी।
वो कौन गली? वो कौन मकान?
वो कौन सी छत पे बोल उठे?

वो झपकाएँ जब पलकों को,
वो इठलाए, वो शरमाए।
वो जो भी करते बने क़ज़ा,
वो कीमत कितनी बोल उठे?

वो छूकर मेरे दिल को फिर,
वो छाने लगे जब नज़रों में।
वो कौन क़यामत? कैसी बला?
वो कौन सा जादू बोल उठे?

वो भूरी आँखों वाली की,

मै क्या ही बताऊँ बात तुम्हें।
वो जब भी देखे आँखों में,
वो बिन बोले ही बोल उठे।

वो देखती सीधा रूह को मेरी,
हक़ सा जमाए बैठी है।

वो रानी बनके राज करे,
बस दिल में मेरे ये बोल उठे।

XIX

आज कुछ ठीक नहीं है, ये मन बेचैन है,
कोई पुराना घाव खरोंच लिया क्या?

क्यों कुलमुला रहा है दिल ये मेरा,
आज बात न करने का सोच लिया क्या?

मेरी तो हर साँस ही उसके नाम से चलती है,
रुकने लगी अचानक, किसी ने गला दबोच दिया क्या?

ये दिल को बहलाने दिमाग़ गया था,
दोनों ने मिलकर बहुत अफ़सोस किया क्या?

और मुझे तो हर्ज़ जताना भी नहीं आता,
मैं रोया जब, तूने वो आँसू पोंछ दिया क्या?

बस तलब थी कुछ गुफ़्तगू की उससे,
मन में कुछ संकोच किया क्या?

मैं उसी से हूँ, वो ख़ुशी है मेरी,
मेरे चाँद को किसी ने नोच लिया क्या?

आख़िर क्यों कुलमुला रहा है दिल ये मेरा,
आज बात न करने का सोच लिया क्या?

XX

क्या दिन हूँ मैं, जो ढल जाए,
या शाम, जो खाए सूरज को।
क्या रात हूँ मैं, जहाँ जागे तू?
तेरा आख़िर क्या मैं लगता हूँ?

क्या बाग़ हूँ मैं, जहाँ पेड़ घने,
या बंजर धरती का मैं स्वरूप?
क्या मैं वो खेत, जो भरता पेट?
तेरा आख़िर क्या मैं लगता हूँ?

क्या हवा हूँ मैं, जो राहत दे,
या लू सा मैं यूँ तपता हूँ?
क्या मैं बाद-ए-सबा, जो लाए घटा?
तेरा आख़िर क्या मैं लगता हूँ?

क्या रोशनी मैं तेरी ज़िंदगी में,
या अँधेरा बनके चलता हूँ?
क्या मैं चाँद हूँ, तन्हा रातों का?
तेरा आख़िर क्या मैं लगता हूँ?

क्या तितली की तरह उड़ता हूँ,
या कटुआ कीट सा डसता हूँ?
क्या मैं भँवरा तेरे फूलों का?
तेरा आख़िर क्या मैं लगता हूँ?

क्या पत्तों से बिछा हूँ रास्ता मैं,
या चुभता बनके काँटा हूँ?
क्या मैं सादगी, कोमल घास की सी?
तेरा आख़िर क्या मैं लगता हूँ?

क्या बारिश हूँ मैं गर्मी में,
या सर्दी में ओलों सा पड़ता हूँ?
क्या मैं बरखा वो, जो दे सुकून?
तेरा आख़िर क्या मैं लगता हूँ?

क्या आँसू मैं तेरी आँखों का,
या बनके साँस अटकता हूँ?
क्या मैं हँसी हूँ तेरे होंठों की?
तेरा आख़िर क्या मैं लगता हूँ?

क्या ख़याल मैं सुबह का पहला हूँ,
या सपना कोई ख़ौफ़ भरा?
क्या मैं आख़िरी याद तेरी रातों की?
तेरा आख़िर क्या मैं लगता हूँ?

क्या पेड़ हूँ मैं, घनी छाँव भरा,
या काँटों का गुलदस्ता हूँ?
क्या मैं वो दरख़्त, जो दे साँस तुझे?
तेरा आख़िर क्या मैं लगता हूँ?

क्या प्यार बसा तेरी आँखों का,
या ग़म तेरे दिल में छुपा हुआ?
क्या मैं आज़ादी तेरी रूह की हूँ?
तेरा आख़िर क्या मैं लगता हूँ?

क्या गर्मी, जो दे जीवन सा,
या आग, जो कर दे भस्म सभी?
क्या मैं शमा हूँ तेरी चाहत का?
तेरा आख़िर क्या मैं लगता हूँ?

क्या बात में कोई वजह भरी,
या बेवजह उलझा ग़म सा हूँ?
क्या मैं सब कुछ हूँ—क्या कुछ भी नहीं।
तेरा आख़िर क्या मैं लगता हूँ?

XXI

तू जानकर जो मुझे दूर करता है,
ये कौन तुझे मजबूर करता है?
मेरी रूह तूने झंझोड़ के रख दी है,
बताओ ऐसा भी कोई हुज़ूर करता है?

मेरी आँखों को तलब तेरी आँखों की,
तेरा काजल वो फ़ितूर करता है।
मेरा दिल भरा हुआ है आहों से,
बस तेरा सुरूर करता है।

बहुत दिनों बाद आई है ख़ुशी ज़ेहन में,
तेरे इश्क़ पे ये दिल मग़रूर करता है।
तू तोड़ता रहता है लेकिन ख़्वाबों को,
तेरे दिल में कोई ग़ुरूर लगता है।

बातिल है कि मैं बना बाद-कश,
पर बदनामी में क़सूर लगता है।
बेबाक़ सा मैं अर्ज़ करता हूँ अपने दिल की दास्तान,
तुझे शायद इसलिए बे-शऊर लगता है।

सब लुट सा जाता है, मेरे जीने में तेरे जाने से,
ये दर्द मुझे मशहूर करता है।

XXII

मैं कितनी सारी बातें लिख पाता हूँ,
दुनिया के हर एहसास को बयान करूँ।
पर मजबूरी देखो तुम मेरी कितनी है,
जो तुम्हारे लिए दिल में है, वो कैसे बयान करूँ?

मैं जो लिखने बैठता हूँ तो खो जाता हूँ तुम्हारे ख़यालों में,
अब कौन मुझे बताएगा कि मुश्किल को कैसे आसान करूँ?
मैं जो बोलने बैठता हूँ तो लफ़्ज नहीं निकल पाते,
इस कमबख़्त दिल को आख़िर, कैसे मैं ज़बान करूँ?

तुम चाहो तो उतर के देख लो इस दिल में,
यहाँ बस तुम हो, मेरे ख़ुद के लिए भी भला मैं कैसे जगह करूँ?
मेरे हाथ काँप जाते हैं जब तुम याद आती हो,
तो आख़िर दूर होकर, ठीक मैं कैसे रहा करूँ?

मेरी दोनों हथेलियों पे पहले ही लिखा तुम्हारा नाम है,
तो एक रब से दूसरे रब की मैं कैसे दुआ करूँ?
तुम होती हो तो लगता है कि मैं हूँ,
तुम्हारे बिना मैं भला मैं कैसे हुआ करूँ?

इन फ़ासलों को नज़दीकियों में तब्दील करो ओ जान,
बिना दिल के आख़िर इस शरीर को कैसे ज़िंदा करूँ?

सोचता हूँ कि क्या कभी जता पाऊँगा या तुम समझोगी कि तुम मेरी क्या हो?
बस फ़िलहाल इतना कह पा रहा हूँ कि अँधेरी रात है ये ज़िंदगी, बस तुम मेरी सुबह हो।
हर रोज़ सोते हैं तो अगले दिन उठने की तुम मेरी इकलौती वजह हो!
तुम नहीं हो अगर ऐसा हो इक दिन, तो उस दिन तुम मेरी क़ज़ा हो!
तुम मेरी वो हो कि तुम ख़ुद भी नहीं जानती कि तुम मेरी क्या हो?

XXIII

ये जो हो रहा है, वो कैसे—तू बता,
मेरा मन इतना व्याकुल हो रहा—क्यों बता।

तेरे एक संदेश की ख़ातिर,
कब से टकटकी बाँधे बैठी हैं ये आँखें मेरी।
ये इंतज़ार ख़त्म होता नहीं—क्यों बता।

मुझे नहीं, नाराज़गी तुझसे कभी हो सकती,
मेरी हर वजह और रज़ा तुझसे क्यों—बता।

उल्फ़त में है ये दिल कि मानता नहीं, समझता नहीं,
इसे भला कैसे समझाएँ—ये तू बता।

या मैं कहूँ कि तू आके छू ले मुझे,
मिल जाए राहत, हो सुकून साँसों में, जो मिल जाए तू सदा।

या तू कहे तो आके मैं लिपट जाऊँ तुझसे,
हर पल तेरी साँसों से मैं रहूँ जुड़ा।

तेरी बातों से फ़ुर्सत कहाँ है मुझे,
बस तेरा ज़िक्र हर घड़ी मेरी ज़बान पे रहा।

हर महफ़िल में भीड़ इतनी, हज़ारों चेहरे,
निगाहें ढूँढती बस तुझे—क्यों बता।

तू क्या मेरी पलकों में रहती है,
कि जब भी झपकता हूँ पलक, दिखे तू वहाँ?

मुझे बहुत याद आती है तेरी—तू बता,
कब आएगी मेरे घर तू बनके मेरी मेहर—यूँ बता।

मुझे दे तू बता।

XXIV

जैसे अँधेरे कमरे में कोई बालक घबराए,
मेरा दिल ये वैसा बेकरार रहता है।
ये लोग करते हैं ज़िक्र जब हुस्नों का, अजूबों का,
मन ये मेरा बस तेरा नाम लेता है।

कोई बात कर ले तुझसे मुझसे ज़्यादा कभी,
मेरी रगों में एक कोहराम बहता है।
मुझे जलन तेरे रुख़सार पे बैठे तिल से भी,
तेरे लबों के हमेशा इतने वो पास रहता है।

राख़ क्यों नहीं हो जाते ये कुलफ़त के बीज,
बे-क़ुर्बत क्यों मेरा दिलदार रहता है?
मस्कन में मेरे तुम लोग क्यों झाँकते हो,
यहाँ कौन सा तुम्हारा ख़ुदा रहता है?

महबूब मेरा दिखे तो कह देना ज़रा उससे
कि करने कोई उसकी फ़रियाद बैठा है।
रफ़्त-गाने-ख़ाक़ था ये दिल, महफ़ूज़ था,
वो रहज़न बनके आए—बताओ कितना दाम देता है?

XXV

कहता हूँ मैं—तू देख मेरी आँखों में,
मेरी आँखों में देख तू क्या है?
मेरा ग़म दिखता था मेरी मुस्कान में,
अब लबों पे बस तेरा आना है।

मेरी पलकों में बसती है तेरी हँसी,
इन्हें याद तेरी हर वो अदा है।
मेरे भौंहों में क़ैद है तेरी मासूमियत,
तेरी नज़र के कितने अरमान हैं।

तेरे दीदार को कितने व्याकुल हैं मेरे नैन,
उठें इनमें सौ तूफ़ान हैं।
तुझे टकटकी बाँध के देखता मैं जाऊँ,
मुझे फ़ुर्सत तुझसे कहाँ है।

कि तू आके मुझे एक अफ़साना दे जा,
उठें पलक जैसे दस्त-ए-दुआ है।
मेरे दोस्त पूछते हैं राज़ मेरे चहचहाने का,
मैं कहूँ कि मेरी दिलरुबा है।

उसे तराशा भगवान ने बड़ी नज़ाकत से,
वो नूरानी, बेहद ख़ूबसूरत शिल्प-सा है।
ज़रा नज़र बचाना दुनिया से,
इस जहाँ में बहुत बला है।

तेरे दामन में मुझे मिल गई मेरी जन्नत,
तुझसे मोहब्बत बर्मला है।
तू मेरी जान है।

XXVI

इश्क़ ओढ़े एक सुर-सा यूँ हवाओं में गूँजता हूँ,
बाद-ए-सहर से हुस्न-ए-मुजस्सम का पता पूछता हूँ।
तुम खिली धूप सी आना और मुझ पर आकर गिरना,
मैं सूरजमुखी-सा बस तुम्हें ढूँढता हूँ।

तुम होती नहीं जिस पहर, मैं खो सा जाता हूँ विचारों में,
क्या मैं देखता हूँ? मैं आख़िर क्या सोचता हूँ?
तुम होती हो मेरी रगों में जैसे आब-ए-रवाँ,
मैं इतना क़िस्मत वाला हूँ? मैं कोई फ़रिश्ता हूँ?

मुझे प्यारा तुम्हारा ग़ुस्सा भी, तुम्हारी नाराज़गी भी,
मुट्ठी में भरके इंतज़ार, इन्हें पालता-पोसता हूँ।
ना चंद लम्हे, ना गुज़रते ये पल,
तुम मुझमें सदा हो, मैं तुम में हर रोज़-सा हूँ।

है तुम में ख़ुमारी वो खिलती कलियों की, वो आसमान की परियों की,
ये आँखें मृग सी तुम्हारी दिखें, तो मैं मदहोश सा हूँ।
तुम सँवारती हो जब इन ज़ुल्फ़-ए-परेशाँ को,
मेरी उम्रें सँवरती हैं, मैं मोहब्बत बरसता हूँ।

XXVII

ख़्वाब-ए-ग़फ़लत हो कैसे भला, तेरी याद आती है।
तू जाने किस बेरुख़ी से मुझे यूँ सताती है।
तेरी राह के काँटों से भी मोहब्बत है मुझे तो,
तू फूलों सी वहाँ खिलती है, ख़ुशबू यहाँ आती है।

बेरहम तो नहीं तेरा ये दिल, तो ऐसा क्या हुआ,
ये खुर्द-बुर्द मुझे न समझ आती है।
मुझे याद हैं तेरी रातों की सिसकियाँ-सुबकियाँ,
मेरी बाँहों में महफ़ूज़ है, तू क्यों ख़ौफ़ खाती है?

मेरे दियार की दहलीज़ पे क़दम हों तेरे बस,
क्यों ख़ाम-ए-ख़ा इतने संकोच में आती है।
मैं नहीं वो शख़्स जो दिल-आज़ारी करे,
तेरी आह भी निकले, मेरी जान हलक़ में आती है।

मैं अपने दिल पे कुरेद दूँ नाम तेरा,
तू अच्छी लगती है जब हक़ जमाती है।
तू निकला न कर यूँ कशिश बनकर,
यहाँ लोग कुछ ठीक नहीं, ये दुनिया नज़र लगाती है।

मैं बहुत उलझा हुआ नहीं रहना चाहता,
तू हँसती है, मुझे कामयाबी आती है।
अब कुछ इच्छा नहीं रही मुझे कमाने की,
तेरी आँखों में झाँकता हूँ—कायनात नज़र आती है।

XXVIII

है चाहत कि तू बिन बुलाए आ,
कोई बहाना बनाकर, कोई काम बताकर
अपनी सहेली का नाम जताकर,
अपने दिन की कहानियाँ सुना-
तू बिन बुलाए आ।

ओढ़ के अपनी नूरानी ख़ुशबू,
पहन के अपनी मुस्कान की आरज़ू,
तू आके मेरे होश उड़ा,
तू बिन बुलाए आ।

थोड़ा हक़ जताने, थोड़ा हर्ज़ बताने,
जी करे तो तू आ सताने,
तू साथ अपने अफ़साने ला,
तू बिन बुलाए आ।

दुनिया से छुप-छुपा के
तू मिल मुझसे बेवजह से,
अपनी नज़रों से एतिराफ़ करा,
तू बिन बुलाए आ।

पुराने वादे निभाने,
नए वादे बनाने,
मुझे अपने तौर-तरीक़े सिखा,
तू बिन बुलाए आ।

मेरे हाल का अंदाज़ा लेने,
अपने ग़मों का ख़ज़ाना देने,
तू आके मुझे कोई गीत सुना,
तू बिन बुलाए आ।

तू ला कोई बात पुरानी,
जो भी खरी-खोटी सुनानी,
तू आके मुझे आज़मा,
तू बिन बुलाए आ।

चुरा के थोड़ा वक़्त तेरा,
तू लाना इश्क़ बेकराँ,
तू टूट मुझमें बेपनाह,
तू बिन बुलाए आ।

है चाहत कि मुझसे आके लिपट जा,
तू बिन बुलाए आ।

XXIX

घने बादलों में जो घटा उमड़ रही,
ये गरजती कहीं, ये बरसती कहीं।
दो-चार चेहरे लेके घूमती है ये दुनिया,
कोई है क्या ऐसी जो चेहरा बदलती नहीं?

मैं भला किसको जाके अपना दिल रोऊँ,
ये संभलता नहीं, तू समझती नहीं।
फ़िक्र-मंद होना अच्छा है तू बोलती है,
फिर फ़िक्र तू मेरी क्यों करती नहीं?

तेरी तकलीफ़ों को मैं दूर कहीं फेंक दूँ,
बस मसला ये है तू मुझसे खुलती नहीं।
इश्क़ भी करती है, मलाल भी मुझसे ही,
ऐसे तो मेरी जान ज़िंदगी चलती नहीं।

मैं तो इश्क़ में ख़ुद को जलाता हूँ,
बर्फ़पोश तू क्यों पिघलती नहीं?
हज़ार दीवारें तू बना ले चाहे,
ये दीवारें मुझे रोक सकती नहीं।

तूने मुझे अपनी उँगलियों पे लपेट रखा है,
पर आके तू मुझसे लिपटती नहीं।
ये कैसी बला में फँसा गई मेरी रूह को तू,
ये ज़िंदा भी नहीं, ये मरती भी नहीं।

XXX

घनघोर घटा में देखो वो उमड़ रहा क्या है?
कोई शौक़ है? सबात है? या दुआ है?
मैंने तो बस इतना चाहा कि तुम रहो,
जब तुम हो, तो मैंने और चाहा क्या है?

तुम्हारी नफ़रत से भी अब तो इश्क़ सा होने लगा,
हुस्न-ए-कायनात की बेरुख़ी में भी तो प्यार छुपा है।

XXXI

हाँ तू मेरा पहला प्यार नहीं।
नहीं दे सकता मैं तुझको-
वो पहला स्पर्श,
वो पहली हँसी,
वो पहली छुअन,
वो पहली खुशी,
वो पहला सा ख़्वाब,
वो पहला घर,
वो पहला अल्फ़ाज़,
वो पहला स्वर,
वो पहली रुसवाई,
वो पहले अक्स,
वो पहला सा अरमान,
वो पहले वाला शख़्स,
वो पहला नशा,
वो पहली चुभन,
वो पहला खुमार,
वो पहला बदन।

हाँ तू मेरा पहला प्यार नहीं,
मगर हाँ तू मेरा आख़िरी प्यार है।

ज़रूर दूँगा मैं तुझे-
अटूट भरोसा,
बेपनाह मोहब्बत,
निभाऊँगा वादे,
सच्ची रफ़ाक़त,
एक सुखी-सा घर,
एक खुशी हरपल,
तेरे बाँटूँगा ग़म,
बस रहूँगा तेरा सनम,

बनूँगा तेरा चैन,
ना तोड़ूँगा कोई क़सम,
ना बोलूँगा कभी मैं झूठ,
ना करूँगा कोई भ्रम।
तेरी इज़्ज़त हमेशा करूँगा,
मेरे दिल में बस हो तेरा घर।

तेरी हर बात मानूँ, ना छुपाऊँ कुछ भी,
तेरा हर हुक्म, सर आँखों पर।

क्योंकि हाँ तू मेरा आख़िरी प्यार है।
अब तेरे बाद बस मौत का इंतज़ार है।

XXXII

आतिश-ए-जिगर की वजह क्या है? तुम दूर हो, इससे बड़ी सज़ा क्या है?
फ़िदा नहीं, जाँ-निसार है तुमपे, अब मुझमें मेरा बता क्या है?
हर गुज़रता लम्हा एक सदी से कम नहीं, जाँबहक होने का ग़म नहीं,
मौत से तो हमदर्दी है, दूरी से बढ़कर आशिक़ की क़ज़ा क्या है?

काग़ज़ नहीं, अपने दिल पे कुरेद रहा हूँ तुम्हारा नक़्श, तुम्हारा नाम,
मेरे हाथों की लकीरों में तुमसे ज़्यादा रचा क्या है?
ख़राबात सी तुम्हारी आँखें, इनमें डूब-डूब जाऊँ मैं,
बहकने लगा हूँ मैं तो तुमसे मिलके, तुमसे बड़ा नशा क्या है?

किसी रोज़ तुम्हारी दहलीज़ पे आके बैठ जाऊँ सनम,
प्रीतम का घर मंदिर हो जाए, इससे ज़्यादा मज़ा क्या है?
तहारत मेरे दिल की तुम पूछ लो उस लपट खाती हुई अग्नि से,
बस तुम्हारे लिए मोहब्बत—जलने के बाद इसमें और बचा क्या है?

XXXIII

बंदिशों से दूर, एक दरवाज़े पे खड़े हैं तुम्हारे इंतज़ार में,
एक ऐसा शहर है नज़र में हमारी जहाँ बिकती है खुशी बाज़ार में।
तुम्हें आने में लगता है थोड़ा वक़्त लगेगा अभी हम तक,
हम जानते हैं कि तुम भी तो लड़ रही हो अपने अतीत के मझधार से।

तुम ये कौन-से काग़ज़ात लेकर घुसी हो हमारे मस्कन में,
हम भला कैसे निकाले तुम्हें अपनी सोच से, अपने विचार से।
तुम्हारी सी आहट, तुम्हारी सी खुशबू, किसी एहसास से ये जाग जाता है,
दिल को आदत हो गई है झांकने की अब इस टूटी हुई दीवार से।

सुना है तुम ध्यान बहुत रखती हो सबका अपने घर में,
तो सोचा कि चलो हो जाते हैं हम भी थोड़े बीमार-से।
ये इल्तिबास को थोड़ा-थोड़ा और उलझाना कोई तुमसे सीखे
ये समझ पाए, हम तो हैं नहीं इतने तेज़-तर्रार से

ये नयापन तुम्हारा आखिर किसने लिखा है इस क़दर,
तुम तो अब देखती हो जैसे हम में दिखे कोई अग्यार-से।
खुला हो दरवाज़ा मगर पर नहीं खुल पाए यूँ,
तो कैसे भला छूटेंगे किसी रोज़ हम इस कारागार से?

XXXIV

मीर-ए-दिल का मीलों तक कोई निशान नहीं,
वो पास है कि दूर है, ये भी अनुमान नहीं।
सबकत कोई खेल नहीं होता, तू समझ ज़रा,
कि खुद को खो देना ये काम भी कोई आसान नहीं।

साँसे चल रही हैं यूँ तो किसी क़र्ज़ पे,
तू फ़रेबी नहीं? हम शैतान नहीं!
तू चाहती तो मांग लेती मेरे हिस्से का सब,
तेरे हिस्से का किसी को कैसे दूँ, मुझे अब अरमान नहीं।

लोगों का काम है चार बातें बनाना,
मैंने सोची थी एक ऐसी जगह जहाँ ये जहाँ नहीं।
तुम क़ैद करके बैठी हो मेरी मरासिम पंक्तियों को,
खैर ये क़ैद सही, खैर हम मुज्रिमान सही।

शमशीर-ए-दुदम है ये इश्क़ यारो,
मरते भी हैं और जाती भी जान नहीं।
हमें नशा भी तो लगा तेरी आदत का,
और इसको झेल सके हम इतने भी अमीरान नहीं।

XXXV

मेरी एक दुनिया उनके गेसू में क़ैद है,
मैं आज़ाद हूँ - ये अफ़वाह कौन फैला रहा है?
वो खोल बैठी है क्या अपने घने बालों को,
ये कौनसी महकती हवा का झोंका आ रहा है?

ग़ैरत भी है, गुरूर भी है वो मेरा, तुम टोक़ो मत,
मुझसे ना तुम कुछ कहो, मुझसे ना कुछ सुना जा रहा है।
मुझे राहत दे तू आके सनम, ये सफ़र कुछ आसान नहीं,
पत्थरीले रास्ते और ऊपर से ये सूरज तिलमिला रहा है।

ज़रबाफ़्त की क्या औकात तेरे सामने,
तेरी रेशम से वो सोना भी शरमा रहा है।
सुना है कुछ फूल आए थे तुमसे महक मांगने,
सुना है गुलिस्ताँ बुना जा रहा है।

फ़ज़्ल करो तुम मुझपर, एक करम करो,
मुझसे यूँ तो न जिया जा रहा है।
तुम आगोश में सर रख के सो जाने दो,
ओढ़ने का चादर गेसू की, मुझे एक ख़्वाब आ रहा है।
मुझे जगाना तुम या यौम-ए-वफ़ात को ही,
यहाँ सुकून है, मुझे आनंद आ रहा है।

XXXVI

ये जो है, ये क्या वो है, ये है यूँ रूबरू,
ये मेरी चाहत है, या ये तू है, है दोनों हू-ब-हू।
टुकुर-टुकुर देखती ये आँखें मेरी इस रास्ते को,
आख़िर ये रास्ता करता है ना तेरे घर की ओर मुँह।

मुझसे पूछते हैं यार मेरे हर रोज़ हाल मेरा?
मैं पूछता हूँ खुद से? तू ख़्वाब है, या ख़्वाहिश है, या कोई आरज़ू?
दरअसल बात कुछ ऐसी हुई है आज फैसले की बर्मला,
मैं तेरे साथ-साथ हूँ, बस मेरा हाथ थाम तू।

अदब, हया, तमीज़—ये क्या चीज़ें होती हैं,
मैं न-उम्मीद सही, मेरी चाहत तेरे लिए है मलहूज़।
आजकल खुद का नाम कभी-कभी भूल जाता हूँ भला,
मुझे आता है बस याद रखना तेरा नाम चारसू।

मशरब कर तू थोड़ा मुझमें, वो अँधेरा नहीं,
मुझे तो बस मस्सरत तुझसे, मैं तेरा माहे-नौ हूँ।
एक झलक की खातिर मैं यहीं गुज़ार दूँ एक सदी,
एक सदी भी तेरे संग लगती है इतनी कम क्यों?

XXXVII

मुझे चाहत तेरी चाहत की रही हर घड़ी,
तुझे चाहत पे मेरी गुमान है क्या?
कैसी क़िस्मत है पाई उन लोगों ने जो क़रीब हैं तेरे,
ख़ुदा पे उनका कोई एहसान है क्या?

मैं कर लूँगा बसर तेरी साँसों की गहराइयों में, तेरी मुस्कान से कर लूँगा गुज़ारा,
क्या इस तरह का कोई आबो-दान है क्या?
ये जो दिल पे मेरे तू क़र्ज़ लगाती है, कितना मुनाफ़ा होता है?
इश्क़ से मुश्किल है कुछ? इश्क़ से आसान है क्या?

मैं तेरे ही सवालों में उलझा रह जाता हूँ,
क़लम है? काग़ज़ है? तू कोई इम्तिहान है क्या?
तू ओढ़ के चाँद-सितारे यूँ जो इतराती है,
तू मेरा वो आसमान है क्या?

मुझे तज़क्कुर हो तेरा वो काटना मुझे,
तेरे लब गुलाब और दाँत अफ़नान हैं क्या?
तू बदला-बदला सा लगता है इस रोज़ मुझे,
तू दूसरा कोई इंसान है क्या?

XXXVIII

मीलों दूर मैं तुझसे, फिर भी महसूस कर लेता हूँ,
तेरी उँगलियों का वो स्पर्श अपने खाली हाथों में भर लेता हूँ।
दुनिया की भीड़ में बहुत दिखावे हैं, छलावे हैं यहाँ,
गहराई इश्क़ की देख, तुझे ख़्वाबों में हक़ीक़त कर लेता हूँ।

चाहूँ तुझे अपना दिल पढ़ के सुना दूँ,
पर तू रो देगी, तो लिख के सब्र कर लेता हूँ।
तुझसे इश्क़ है, मोहब्बत है या क्या है—तू जाने वो,
जब तू देखती नहीं, चुपके से तेरी इबादत कर लेता हूँ।

तेरी ख़ातिर मैं लड़ जाऊँ क़ज़ा से भी, दुनिया क्या चीज़ है,
तू मुस्कुरा देती है, मैं जी भर लेता हूँ।
तेरा प्यार सब समझ नहीं सकते, जान,
तेरी गाली में भी फ़िक्र और इश्क़ नज़र कर लेता हूँ।

तेरे नाम से जो खिलावट आती है मेरे चेहरे पे,
तेरे नाम के पीछे अपना नाम कर लेता हूँ।
तू वहाँ जो बाल सुखाती है, तेरी ख़ुशबू बहार लाती है,
तेरी ख़ुशबू को मैं अपनी साँसों में भर लेता हूँ।

महक जाती है पूरी रूह मेरी इस क़दर,
ख़ुद में मैं ख़ुद से ज़्यादा तुझे कर लेता हूँ।
तेरे लिए जीना चाहता हूँ मैं जान,
तेरे लिए मैं क्या-क्या कर लेता हूँ।

तुझे तेरी पसंद का वो घर ज़रूर बना कर दूँगा, साथ रहेंगे,
तब तक तू मुझमें रह, मैं तुझमें अपना बसर कर लेता हूँ।
मेरी नादानी, मेरा बचपना तुझ तक है, महफ़ूज़ जो लगता है,
तभी तो तेरे आगे अपनी उम्र कम कर लेता हूँ।

XXXIX

शब-ए-फ़िराक़ का हश्र न पूछो,
ये लाज़मी है कि ये आगाज़ नहीं।
बेशक मेरे बोल—बोल नहीं,
बेशक मेरे लफ़्ज—अल्फ़ाज़ नहीं।

मेरी चाहत की गवाह है रात सनम,
मेरा इश्क़ तो कोई राज़ नहीं।
पुरजोश रही मेरी साँसे तुम तक,
तुझे मुझसे तो कोई परख़ाश नहीं?

चल आ न सकी तू मुझ तक उस रोज़,
मुझे गिला नहीं, तू हो परेशान नहीं।
तू बैठी समेट के आँहों को,
तुझे आती मेरी आवाज़ नहीं?

मैं वफ़ा के जाम से पीता हूँ,
मुझे बेवफ़ाई बर्दाश्त नहीं।
तुझसे मेरा नाम सुने अर्सा हुआ,
और अब नशिस्त-ओ-बरख़ास्त नहीं।

ये किस रोज़ पे आ के अटका हूँ मैं,
ये ग़म मेरे होते परवाज़ नहीं।
मैं वेदना कैसे व्यक्त करूँ,
मेरे दिल का कोई इक्तिबास नहीं।

XL

ये तेरा है या उसका मैं हिज्र जो लिखूँ?
मैं नाम तेरा लिखना चाहूँ लेकिन मैं कौन लिखूँ?
पढ़ने वाले अंधे थे या बहरे, क्या पता,
मेरी क़लम से निकली चीख़ें मेरी, लेकिन मैं मौन लिखूँ।

तू जानती नहीं कि मेरा हाल क्या रहा तेरे बग़ैर,
जानता है वो तकिया, वो चाँद, वो तस्वीर तेरी, वो रात,
वो तन्हा ख़ाली कमरा और लोहे की खाट।
दिल टूटा मेरा कुछ ऐसा इस बेरुख़ी से, कि मैं ख़ुद बनकर जौन लिखूँ।

दिल लगाके तू बोले कि तुझसे ग़लती हुई,
तू जब मिली थी, तब कुछ और थी,
अपनी सोच में लिपटी हुई, आज लगी थोड़ी पलटी हुई।
मैं छुपा लूँ फिर भी अपने ज़ख़्मों को, मैं बनकर एक ढोंग लिखूँ।

एक ख़याल आए कि आके मुझसे लिपट जाए तू,
या फिर मुझे छोड़ देगी मेरे हाल पे,
टूटा सा, बिखरा हुआ, एक बिन सुने सवाल पे,
मैं जो हूँ नहीं, मैं बनकर वो लिखूँ।

मुझे मुसिर बनाया कुछ हालातों ने,
मुसलसल दिल-फ़रेब और ग़मगीन रातों ने,
जैसे लूट के ले गए रोशनी मेरे चाँद से।
मैं बनकर मुफ़लिस–मुनहसिर–मनहूस–माह-ए-नौ लिखूँ।

तू महताब है मेरा, मेरा आफ़ताब भी तू,
बिन तेरे ख़लिश सी है मेरी ज़िंदगी में।
तो एक बात बता—जब तू पढ़ती ही नहीं,
तो आख़िर भला मैं क्यों लिखूँ?

XLI

ये दायें-बायें जुन्बिश की दुनिया में,
मैं अपना दिल लिखने बैठ जाता हूँ।
वफ़ा मिली मुझे हो या न मिली,
बेवफ़ाई की गली कभी न जाता हूँ।

कभी जेठ के मौसम की तू धूप कहे,
कभी बाद-ए-समूम सा बह जाता हूँ।
बातिल तो नहीं था मेरा लफ़्ज कोई,
तो जाने कैसे मुजरिम मैं बन जाता हूँ।

मोहलत से मिलना तू अब जब भी मिले,
मैं तो देख तुझे होश से जाता हूँ।
तुझे क़दर नहीं या तू कुफ़्र करे,
मैं तो चाहत से ख़ुदकी ही जाता हूँ।

आफ़त ये पड़ी मेरी कैसे गले,
मैं हलक से सूख सा जाता हूँ।
मेरा दिल का रहा ना अब कोई पता,
मैं तो आता हूँ, मैं तो जाता हूँ।

XLII

पाप नहीं मन में मगर, तू ढूँढ़ती ही गई,
ना प्रेम का ज़िक्र हुआ, ना प्रेम बात की गई।
तू जो भी करने गई जान-जान-बूझकर,
वो काम थोड़े रह गए, तैयारी पूरी की गई।

तेरी याद में भला मैं जाम तक न पी सका,
शराब रही बोतल में, वो याद तेरी पी गई।
तू बैठ के गले पे जैसे हो रही दबोच जान,
वो आँखें थोड़ी रह गईं, वो साँस थोड़ी ली गई।

दे कोई ख़िताब अगर वो नाम तेरा ले सकूँ?
तुझसे जो उम्मीद थी, अब वो उम्मीद भी गई।
तू बहे हवाओं सी, मैं जड़ पकड़ दरख़्त हुआ,
देते देते, जान-ए-मन, हमारी जान भी गई।

अब होश नहीं ग़मों का, ये कैसे पल आए हैं,
हाथों में जो दी थी तूने, अब तो वो घड़ी गई।
नाख़ुश तो नहीं है ना तू? सब खैरियत, सब ख़ुशनुमा?
मेरा खैर जाने दो, खुशी गई, हँसी गई।

Author's Note

हर प्रेम की अपनी आवाज़ होती है।

कुछ प्रेम कहे जाते हैं, कुछ बस जिए जाते हैं।

कुछ बाहर से शांत लगते हैं, पर भीतर बहुत कुछ बदल रहे होते हैं।

आपने अब जो पढ़ लिया, वह वही प्रेम है—

जो शब्दों से ज़्यादा ख़ामोशियों में पलता है,

जो मुस्कुराहट में छुपा होता है,

और रात की तन्हाई में अपने सवालों से बातें करता है।

यह किताब एक साल की चुपचाप, लगातार कोशिश का नतीजा है।

जो समझ नहीं आया, जो चुभा, जो अच्छा लगा—सब लिखा।

कभी प्यार सबसे खूबसूरत लगा, कभी वही चीज़ भीतर तक तोड़ती लगी।

मेरे लिए प्यार हल्का नहीं होता।

या पूरी तरह होता है, या बिल्कुल नहीं।

यहाँ कोई हीरो नहीं, कोई विलेन नहीं।

बस एक इंसान है जो देखता, महसूस करता,

और समझने की कोशिश करता है—

कि प्यार में खुद को खोना है या खुद को संभालना।

'तुम' सिर्फ एक व्यक्ति नहीं।

वह वह बिंदु है जहाँ 'ख़ुदी' अपना आकार बदलती है।

और 'ख़ुदी' केवल अहं नहीं,

वह वह अस्तित्व है जो प्रेम के सामने खड़ा होकर खुद को नए सिरे से पहचानता है।

इन कविताओं में शीर्षक नहीं थे।

क्योंकि कुछ एहसास किसी नाम में नहीं समा सकते।

वे धड़कनों में रहते हैं—धीरे, लगातार, अटल।

कभी आशा बनकर, कभी बोझ बनकर,

कभी उस आग की तरह जो बुझती नहीं।

अगर आपको पढ़ते हुए कभी लगा,

"ये तो मेरे जैसा है..."

तो समझ लीजिए, हमने वही महसूस किया जिसे शब्द देना आसान नहीं था।

अब ये पन्ने आपकी धड़कनों में रहेंगे।

जैसे मैं आपके साथ चुपचाप चल पड़ा हूँ,

और आप मेरे साथ चल पड़े हैं।

शायद यही प्रेम की भाषा है—

बिना कहे, बिना दिखाए,

सिर्फ महसूस करके।

चंद्रभान यादव